La Puissance Des Femmes Américaines

La Puissance Des Femmes Américaines

DR. FRANÇOIS ADJA ASSEMIEN

TABLE DES MATIÈRES

DU MÊME AUTEUR

- Les Rebelles Africains, roman, Edilivre, 2016
- Les Règles d'or de la réussite, de la santé, du bonheur et du salut personnels, Edilivre, 2016
- Introduction à la philocure, essai, Edilivre, 2016
- L'Afrique interdite, roman, Edilivre, 2016
- Le Monde ne vaut rien, essai, Edilivre, 2016
- La Côte d'Ivoire a mal, essai, Edilivre, 2018
- Président Donald Trump et les Africains, essai, Edilivre, 2020
- L'Art de vivre en Amérique, guide, Edilivre, 2019
- Education morale et spirituelle, manuel, Edilivre, 2016
- La Conscience Africaine, essai, Edilivre, 2016
- Thomas Sankara comme Thomas More et Socrate, essai, Ouagadoudou, 2020
- Ahikaba, roman, Mary Bro Foundation Publishing, London, 2018
- Code électoral, roman, Black Stars, 1995
- Portrait du bon et du mauvais électeur, du bon et du mauvais candidat, essai, Black Stars, 2000
- La Côte d'Ivoire et ses étrangers, essai, Black Stars, 2002

- La Pensée politique pour sauver la Côte d'Ivoire, essai, Afro-Star, 2003
- Le Guide africain de philosophie, de sciences humaines et d'humanisme, Abidjan, 1985
- L'Afrocratisme, essai, Afro-star, 2003
- The Current slavery in Africa, essay, Global Summit House, 2000
- Corona virus, essay, Global Summit House, 2000
- Let'save humanity and life, essay, Global Summit House, 2021

INTRODUCTION

J e vais donner ici mon témoignage sur les femmes américaines que je vois et cotoie tous les jours en Amérique. Je vais dire des choses que je constate et observe quotidiennement. Je vais jouer mon rôle de sociologue et de philosophe devant un phénomène sociétal très important qu'est la femme dans un pays très spécial. Je fais ce travail pour instruire le monde extérieur qui ignore les réalités américaines. Je rends compte de mon expérience et de mon environnement humains, sociaux, psychologiques, politiques, économiques, culturels. Avec mes yeux d'étranger et d'Africain installé dans un autre monde, je découvre des êtres, des choses, des réalités qui ne peuvent me laisser indifférent. Je suis très sensible à tout ce que je vois et j'entends chaque jour. Ma vie quotidienne en Amérique est une école pour moi. Cela me donne des enseignements précieux que je tiens à partager avec tous ceux que cela pourra intéresser (chercheurs, penseurs, personnes ordinaires, curieuses).

J'avoue que l'Amérique est fascinante pour les étrangers qui la découvrent. L'Africain qui séjourne en Amérique voit beaucoup trop de choses étonnantes qu'il n'aurait jamais imaginé étant en Afrique. Les peuples, les sociétés, les mentalités, les cultures et les civilisations à travers le monde sont très différents les uns des autres. Pour le savoir, il faut voyager, quitter son pays natal, aller à la rencontre des autres. Il faut aller étudier les autres, vivre avec eux, apprendre à les connaître. Généralement, ce sont les Occidentaux qui font cela en séjournant ailleurs, très loin de leurs pays, notamment en Afrique. On les appelle académiquement ethnologues, anthropologues. Ainsi Louis-Vincent Thomas (philosophe français) a étudié les Casamançais au Sénégal. Le moine français Vincent Guerry a étudié les Baoulé de Côte d'Ivoire. Le Père Tempels (Belge) a étudié les Bantou (**La philosophie bantoue**). Le philosophe français Fernand Lafargue a étudié les Abidji de Côte d'Ivoire. Le Français Alain Gracias, professeur de lettres classiques, a étudié la langue du peuple Gwa de Côte d'Ivoire. J'étais son élève au lycée classique de Bingerville et son interprète auprès des Gwa.

Il est très rare que les intellectuels africains écrivent des livres ou des thèses sur les peuples occidentaux. Pourquoi? Parce qu'ils sont assimilés aux Occidentaux (colonisation oblige). Ils sont occidentalisés et donc ils n'éprouvent pas de curiosité particulière à l'égard des mœurs, des coutumes, des cultures et des civilisations occidentales. Les penseurs, chercheurs, ethnologues, sociologues, anthropologues et psychologues africains étudient leurs propres réalités africaines. Par exemple, le professeur ivoirien Georges Niangoran Bouah a écrit: «Introduction à la drumologie». Le professeur sénégalais Assane Sylla a écrit: «La philosophie morale des Wolof». Le professeur Cheickh Anta Diop a écrit: «L'unité culturelle de l'Afrique noire», «Nations nègres et culture». C'est dire que je navigue à contre courant. J'initie une entreprise nouvelle en écrivant ce livre sur l'Amérique. C'est une sorte de révolution copernicienne. C'est une œuvre historique. J'ouvre ainsi une porte aux Africains. Cela leur permettra sans doute de changer d'habitude intellectuelle et académique.

Enfin, ce livre sort du regard d'un Africain curieux et admiratif qui compare l'Amérique à son pays (la Côte d'Ivoire) et à son continent. Il compare la junte féminine américaine à celle d'ailleurs. Ce livre souligne fortement la différence qu'il y a entre l'Amérique et l'Afrique. Il invite les femmes africaines à imiter l'exemplarité des femmes américaines. Cette exemplarité des femmes américaines constitue une école mondiale. Cette école enseigne aux femmes les secrets et les règles de la puissance, du bonheur, de la dignité, de la prospérité et du succès.

L'OMNIPRÉSENCE DES FEMMES

La femme est défavorisée et dominée par l'homme dans la plupart des pays au monde. C'est un truisme ou lapalissade. Je parle de la domination physique, politique, économique, sociale, culturelle, intellectuelle, spirituelle. La faiblesse et l'impuissance sont imposées comme vertus à la femme dès sa naissance par les sociétés phallocratiques ou patriarcales. Cela fait partie de son éducation familiale et sociétale. C'est consacré par les us et coutumes des pays africains et orientaux. C'est tout le contraire que l'on constate en Amérique. En effet, ce pays offre une politique exceptionnelle concernant la femme. Appelons cela l'**omniprésence de la femme**. C'est un phénomène très frappant pour un étranger africain en Amérique. C'est aussi un spectacle très agréable pour cet étranger africain. Celui-ci a le sentiment que l'Amérique est uniquement habitée par les femmes. Il a l'impression que les femmes détiennent tous les pouvoirs entre leurs mains en Amérique. En effet, les femmes sont très visibles partout, dans tous les services publics et privés, dans toutes les activités du pays et à tous les niveaux. Rien ne leur est interdit. Elles sont dignement et admirablement présentes dans tous les domaines.

Les femmes occupent partout et exercent de très hautes fonctions dans l'administration générale, publique, dans le secteur formel et informel. Elles sont présentes de façon prépondérante dans tous les lieux de travail comme de loisir. Elles servent dans toutes les boutiques, tous les super marchés, tous les restaurants, tous les bureaux, tous les hôpitaux, toutes les écoles, toutes les universités. Elles conduisent les autobus, les taxis, les trains, les avions...La population américaine (300000000 d'habitants) est très fortement féminisée. Le pays de l'Oncle Sam est presqu'entièrement peuplé de femmes. Il appartient aux femmes. L'Amérique est dominée et gérée par les femmes. Aujourd'hui, le poste de Vice-Présidence est attribué à une femme du nom de Kamala Harris. J'ai fait tous les boulots les plus physiques et les plus difficiles: landscaping, construction, démolition, cleaning, driving, delivering. Ces boulots sont normalement et généralement exécutés par les hommes dans les autres pays, notamment dans les pays africains. Mais ici, en Amérique, j'y ai rencontré des femmes défiant les hommes. Elles étaient mes collègues. (coworkers). Quelle bravoure féminine! Quel courage féminin! Quelle puissance féminine! Bravo aux femmes!

L'Amérique se confond avec les femmes. Elle se définit par les femmes. Les femmes font l'Amérique. Ailleurs, notamment dans les pays africains, la vie et toutes les choses qu'elle comporte sont entre les mains des seuls hommes. Ces derniers font la pluie et le beau temps. Les hommes sont numériquement supérieurs aux femmes dans tous les lieux de travail, dans toutes les activités sociales, professionnelles, économiques. Ils détiennent tout entre leurs mains et gèrent tout le continent eux seuls. Ils ont le monopole de tout. Ils sont omniprésents et omnipotents. Ils sont des dieux. La vie politique, économique, culturelle, intellectuelle, sociale, spirituelle est sous leur total contrôle et leur domination absolue. Ils ont le monopole de l'initiative et de l'action. Ils sont les maîtres absolus incontestés de l'Afrique.

Cela mérite d'être détaillé. L'Afrique est masculinisée politiquement. En général, seuls les hommes sont Présidents de la république, Chefs d'État, Vice-Présidents, ministres, députés, senateurs, Premiers Ministres, directeurs centraux, directeurs généraux (Liberia et Ethiopie exceptés). Mes contradicteurs citeront quelques pays africains où il y a des femmes ministres, députés, directrices...Mais ce sont là des exceptions qui confirment la règle. Ces quelques femmes exceptionnelles sont des faire-valoir. Leur nombre est très dérisoire ou symbolique. Ces femmes politiciennes téméraires et frondeuses qui bravent les hommes constituent des gouttes d'eau d' un océan. L'océan c'est le nombre pléthorique et écrasant des hommes qui règnent absolument sur les femmes. En effet, les Présidents de toutes les institutions importantes sont des hommes: Cour Suprême, Conseil Economique et Social,

Senat, Assemblée Nationale, Préfets, Sous-Préfets, Maires, Chefs d'État-Major des armées...

Dans le domaine de l'économie également, il y a le primat de l'homme, la domination absolue de l'homme sur la femme. En effet, tous les grands acteurs, investisseurs et créateurs d'entreprises, d'usines, de plantations (patronat) sont des hommes. L'économie est le monopole, l'apanage et le privilège exclusif des hommes. Les femmes jouent les seconds rôles, les rôles de subordonnées. Elles sont employées par les hommes. Elles ne sont pas des employeuses. Elles manquent totalement de poids et de force économique devant les hommes. Elles sont passives et non actives. Elles sont dépendantes des hommes. La force et la puissance économiques appartiennent aux hommes en Afrique. L'homme africain pratique aussi sa domination sur la femme dans le champ culturel et intellectuel. Cela est très visible. Ainsi dans les écoles, les universités et les instituts de recherche, on voit généralement et surtout des hommes. La plupart des enseignants sont des hommes (instituteurs, professeurs du secondaire, du supérieur, chercheurs). C'est la même chose dans les hôpitaux, l'armée, la police et ailleurs. La femme est rare dans la vie active en Afrique. C'est tout le contraire en Amérique. Les femmes américaines sont présentes dans tous les centres de décision, d'action et de responsabilité. Elles sont supérieures aux hommes en nombre et égales à ces derniers en rendement et en compétence. Dans les pays africains, y a-t-il combien de femmes médecins, professeures, ingénieures, policières, soldates, avocates, magistrates, savantes, techniciennes, écrivaines, philosophes distinguées et récompensées par le Prix Nobel? Cette qualité de femme est en nombre pléthorique en Amérique. Là est le fossé béant qui sépare l'Afrique de l'Amérique. Un seu pay domine tout un continent.

Les Africaines doivent rompre avec l'immobilisme, la paresse, la lâcheté, la faiblesse, le goût de la facilité. Elles doivent cesser de faire pitié et d'être à la traîne des hommes.

Elle doivent désormais lutter et se libérer de la domination et de l'oppression masculines. Elles doivent conquérir leur indépendance, leur souveraineté, leur dignité et la puissance. Qui ne lutte pas reste médiocre, petit, inférieur, miséreux, malheureux, indigne, irresponsable, faible, esclave, honteux. La femme africaine doit cesser de jouer les bébés, les mendiantes, les incapables. Ce n'est pas la le bon sens de la vie. La vie se veut un combat impitoyable et mortel. C'est une guerre de tous contre tous que chacun ou chacune doit gagner. Tu la gagnes ou tu disparais. C'est un rapport de force. C'est la loi de la jungle ou la loi du plus fort. Tu domines ou tu es dominé. Tu es vainqueur ou tu es vaincu. Tu es maître ou tu es esclave. C'est la grande concurrence impitoyable pour le bonheur, la puissance, la domination. Si les Africaines comprennent cela et changent d'esprit, tout ira bien pour elles et pour l'Afrique. Elles oseront utiliser leur Raison et leur volonté de puissance qui sommeillent en elles. Elles défieront les préjugés infériorisants, phallocratiques et misogyniques de la Bible et du Coran. Elles secoueront, réveilleront et activeront leurs facultés supérieures qui font les êtres meilleurs et supérieurs, les grands hommes et les grandes femmes. Elles referont ainsi leur histoire et leur destin. L'Afrique attend désespérement leur omniprésence, leur omnipotence et leur omniscience. Yes, you can. Just do it.

LES AMÉRICAINES ET LE TRAVAIL

L'Amérique peut être définie par l'expression: «union, discipline, travail» qui est la devise nationale de la Côte d'Ivoire. Le mot qui nous intéresse le plus ici est «Travail». En quoi consiste le travail? Quelle est sa valeur pour l'individu et pour un pays? Le travail consiste à rendre service au monde, à produire, à créer des biens, des choses utiles à la vie, à l'humanité, Cela repose sur l'effort physique et l'intelligence. Il s'agit de dépenser l'énergie physique ou mentale. L'activité utilitaire des uns et des autres fondée sur la morale et le droit positif constitue le travail. Les ouvriers, les enseignants, les ingénieurs, les médecins, les avocats, les juges, les planteurs ou agriculteurs, les commerçants, les manœuvres, les policiers, les gardiens, les journalistes, les pilotes travaillent. Le travail s'oppose au loisir, à l'activité désintéressée, au repos. Il rapporte un gain (salaire). Voltaire a dit: «Le travail éloigne de nous trois grands maux: l'ennui, le besoin et le vice». Cela est vérifiable en Amérique. En effet, c'est grâce au travail ardent que l'Amérique s'est créée et développée rapidement. L'Amérique doit sa prospérité économique, son succès spectaculaire tous aximuts, la paix, la sécurité, son immense richesse, sa puissance extraordinaire, sa grandeur inouie et son bonheur au travail accompli nuit et jour par ses hommes et ses femmes infatigables et braves.

L'Amérique vit et dépend du labeur de sa population qui est dominée numériquement par les femmes. On doit dire ici que les femmes font la fierté, la grandeur, la force, l'honneur et la puissance de l'Amérique. En effet, l'Amérique est l'oeuvre de ses femmes intrépides qui travaillent très courageusement et sans répit. Les Américaines ne ménagent pas leurs forces et leurs efforts. Elles sont à cent pour cent dans la bataille sociale et économique. Elles sont présentes dans toutes les activités socio-économiques. Elles tiennent presque tout entre leurs mains laborieuses, créatrices, serviables, audacieuses. Elles sont à la tête des services et des entreprises de toutes sortes. Elles les gèrent très bien. Elles sont très compétentes. Elles produisent, fabriquent et vendent tout ce qui permet à l'Amérique de vivre dans l'honneur, la dignité, la gloire, la surabondance, l'opulence. Le travail des femmes est absolument rentable. Les femmes sont une main d'oeuvre abondante et efficace. Leur nombre pléthorique et écrasant dans tous les services, tous les travaux, toutes les fonctions et tous les métiers sauve l'Amérique et son économie. Leur rigueur, leur sérieux et leur sens de discipline au travail sont très admirables et salutaires. Cela fait beaucoup de bien à l'Amérique. Cela fait son bonheur, sa puissance.

Pour l'étranger et l'Africain observateur que je suis, la femme est le vrai symbole ou le meilleur emblème de l'Amérique. La femme est le porte-flambeau de l'Amérique. C'est le cheval de bataille, le bouclier, la forteresse économique de l'Amérique. Sans l'apport inestimable des femmes, l'Amérique manquerait de splendeur, de puissance, de grandeur, de beauté, de toute capacité de relever ses défis politiques, économiques, sociaux, culturels et historiques. La femme est la matrice ou la mère nourricière de l'Amérique.

Elle incarne la valeur économique et sociale fondamentale et principale de l'Amérique. Elle est le coeur, le poumon et le moteur de la vie socio-économique de l'Amérique. Elle a reçu la formation adéquate et nécessaire qui lui permet de jouer ce rôle capital. Elle est bardée de grands diplômes et elle est très qualifiée professionnellement. Elle est très méritante. Elle est libre et souveraine. Elle n'est pas contrôlée, dominée, aliénée, discriminée par l'homme. La phallocratie est combattue, condamnée. Les femmes et les hommes sont égaux en tout. Ils sont égaux en droits et en dignité. Tous les deux sont condamnés à gagner leur pain quotidien à la sueur de leur front. En plus de ce que la femme accouche dans la douleur, la femme américaine souffre socialement (par le travail) en gagnant son pain. Elle subit une double souffrance. Elle est doublement puissante grâce à la maternité et au travail social. Cela fait de l'Amérique la première puissance mondiale. La gloire revient aux femmes américaines.

Comparativement aux Américaines, que peut-on dire des femmes d'ailleurs, notamment des femmes africaines? Font-elles la grandeur, la force, la puissance, l'honneur et la gloire de leurs pays? Non. Pourquoi? Il ya plusieurs raisons à cela. La raison principale est que les pays africains pratiquent la phallocratie, c'est-à-dire la discrimination et l'exclusion de la femme. En Afrique, il n'ya pas de politique cohérente, rationnelle, légitime et adéquate d'intégration des femmes à la vie sociale, économique, politique, culturelle, intellectuelle, scolaire, académique, nationale. Les femmes sont généralement marginalisées, négligées et interdites d'agir, de penser et de faire beaucoup de choses en Afrique. Les us et coutumes et la mentalité des Africains sont responsables de cela. Officiellement, la femme africaine n'a pas un statut qui lui permet de s'imposer à l'homme. Elle est négligée, livrée à elle-même. L'État phallocratique ne prend pas sa défense. Il ne fait rien pour l'aider à progresser. Au contraire, il l'enfonce et la maintient dans la faiblesse et l'impuissance. L'État accorde la priorité et le primat à l'homme. L'État est masculinisé. Il est misogyne. Il encourage, organise et favorise la domination, le mépris et l'oppression sempiternels de la femme par l'homme (maltraitance, violence conjugale). Les coutumes et les cultures africaines consacrent l'infériorisation, la soumission, la discrimination et la marginalisation de la femme (phallocratie). L'homme est posé comme le chef absolu et exclusif de la famille , comme le roi de la femme. C'est lui seul qui fait les boulots difficiles et la guerre. La femme joue les seconds rôles à ses côtés. Elle s'occupe du ménage. Sa place officielle et historique est à la cuisine. Elle fait à manger à sa famille, entretient, élève et éduque ses enfants. Elle est mariée très jeune, dès sa puberté. Elle est surtout destinée à fonder un foyer conjugal et à faire des enfants. Elle est privée du droit de faire de longues études dans les pays où les filles sont quand même autorisées à aller à l'école. Sa scolarité est écourtée au profit du mariage (forcé ou arrangé).

Par conséquent, elle ne peut être ni qualifiée ni diplômée pour exercer des métiers ou professions honorables et dignes d'intérêt national. Tous les boulots importants, sérieux, politiques, économiques, militaires et autres sont destinés à l'homme. La femme est rare à la fonction publique. Elle n'est pas une lutteuse qui peut briser ses chaînes de personne dominée, exclue par les hommes au pouvoir à tous les niveaux élevés de la société. Elle n'a pas droit à la parole dans la plupart des situations. Le droit de travailler, de participer aux affaires publiques, à la vie politique, intellectuelle, scientifique lui est pratiquement, directement ou indirectement refusé. Elle est traitée de fragile, de minable, d'inférieure, d'inintelligente, d'incapable et d'irresponsable. Elle est assimilée à l'enfant et confinée à la maison pour jouer uniquement les rôles de mère, d'épouse, de ménagère, d'éducatrice. Et elle en est très fière. Un proverbe dit: « Si la femme élève un mouton, c'est l'homme qui en fixe le prix à la vente». Cela signifie que seul l'homme est intelligent, compétent, responsable et capable de faire toutes les choses sérieuses, importantes avec succès et bonheur. La femme est méprisable, indigne et honteuse. Quand on veut méprimer ou humilier un homme, on le traite de femme. On le compare à une femme. On dit qu'il est femme et non pas un garçon. En effet, c'est l'homme qui doit prendre toutes les décisions. C'est lui qui fait les lois. Et la femme y obéit.

Par ailleurs, le laxisme, la paresse, la triche et le goût pour la facilité sont érigés en lois en Afrique. Tout le monde pratique ces choses. Elles sont considérées comme normales et légitimes. Alors que peut-on reprocher à la femme qui ne lutte pas contre ces défauts et vices nationaux? La femme africaine est-elle blâmable si elle est le contraire de la femme américaine? Non. Le contexe politique, sociologique et historique explique et justifie son caractère, son manque de dynamisme, de sens de responsabilité aristocratique (Nietzsche). Elle est conforme à l'ordre et au système socio-politique et historique en vigueur dans son pays. Elle est disciplinée, civilisée, humanisée et moralisée par son pays. Un proverbe dit que chaque fleuve a les caïmans qu'il mérite. Cela signifie que chaque pays fabrique ses citoyens à son goût et à ses besoins. C'est une affaire de paradigme, de coutume, de tradition, de culture et de civilisation. La femme africaine est alors dans ses droits, ses devoirs et son rôle. Elle est à l'image de sa société. Son pays est bâti sur une poubelle puante et très infectée. Si l'état général de son pays change et s'améliore, elle aussi pourra changer et s'améliorer. Elle et son pays sont fusionnés et forment une seule et même entité. Il ya un rapport dialectique entre les deux. En effet, la société détermine l'individu et, réciproquement, l'individu détermine la société. Il ya interdépendance ou conditionnement mutuel entre la femme africaine et son pays. Il faut que les Africaines fassent leur révolution à elles. Vivement les «Etats Unis, Disciplinés et travailleurs d'Afrique»!

LA BEAUTÉ DES AMÉRICAINES

La beauté physique est un don naturel des femmes américaines. La beauté physique est difficile à définir. Car il n'y a pas de moyen universel ou conventionnel qui permette de mesurer la beauté de chaque femme. La beauté physique n'a pas de modèle universel. Il n'y a pas de beauté en soi comme un absolu correspondant au goût de tout le monde sur la terre. Tous nos jugements personnels qui qualifient certaines femmes de belles et d'autres de laides sont donc arbitraires, subjectifs, non conventionnels. Chacun voit les autres comme il est et non pas comme les autres sont. Les jugements de valeur sont tous subjectifs et relatifs. Les goûts et les appréciations varient d'un individu à l'autre. Une chose peut me plaire et ne pas plaire aux autres. Nous sommes tous différents les uns des autres. Nos goûts aussi. Je peux trouver une femme belle alors que les autres la trouvent laide. Les critères d'appréciation ou d'évaluation de la beauté de la femme varient selon les peuples, les sociétés, les individus. C'est relatif à la culture et à l'éducation. Un adage dit à juste titre: «Des goûts et des couleurs, il ne faut point en discuter». Chacun a raison. Il n'y a pas de consensus universel ni de vérité absolue sur ce sujet. Cela dépend de nos fantaisies personnelles, de nos visions ou conceptions des choses venant de notre éducation qui est fondée sur nos valeurs culturelles.

Cela étant dit, mon appréciation de la beauté des Américaines peut être contestée ou approuvée par les autres. J'aime les Américaines. Je les trouve très belles. Une question se pose. Est-ce parce que les Américaines sont très belles que je les aime ou bien est-ce parce je les aime que je les trouve très belles? C'est sans doute les deux situations. Je contemple les Américaines tous les jours et partout. Leurs corps et leurs styles agitent mon âme. Cela me donne du plaisir, de la joie, du bonheur. Comment se présentent les Américaines? La population féminine américaine est très variée. Elle comprend plusieurs ethnies ou races. Il y a des Blanches, des Noires, des Métisses, des Jaunes, des Rouges. Toutes les races, toutes les ethnies, tous les peuples et les produits de leurs croisements existent en Amérique. Cela est très agréable à voir. La couleur ou le teint des Américaines est généralement très charmant, séduisant. Leurs formes également me plaisent. Certaines Américaines sont grandes, élancées, sveltes (Blanches caucasiennes). D'autres sont de taille moyenne ayant un teint noir ou chocolaté. Elles sont minces, raffinées. Ce sont des Ethiopiennes, des Somaliennes, des Erytréennes, Indoues, Guinéennes, Peules. D'autres sont de taille petite, grosses ou minces, blanches ou rouges(Latino et Indiennes d'Amérique).

En réalité, les choses sont très complexes. Les traits physiques sont très difficiles à décrire. Le métissage ou melange biologique des races et des peuples venus de toutes les parties du monde a produit des êtres étranges, spéciaux, fantastiques. La couleur des yeux, la forme du nez, le teint, la longueur et la qualité des cheveux et autres des gens sont fascinants. Cela rend les femmes américaines très attirantes. Pour avoir ce résultat, il a fallu que l'Amérique accueille toutes les races et tous les peuples de la terre sur son sol. Ainsi les pays xénophobes ont tort. Un pays qui refuse les étrangers sur son sol a un très gros manque à gagner sur tous les plans. Il est nécessairement pauvre et faible. Car les étrangers apportent des valeurs nouvelles et des richesses de toutes sortes. Ils sont source de bonheur, de grandeur, de puissance, de succès, de beauté et de prospérité. Les étrangers créent l'histoire. Ils contribuent au progrès, au développement qualitatif et quantitatif. L'Amérique nous donne cette leçon. Elle a fait le meilleur choix. Le métissage culturel, civilisationnel et biologique donne d'excellents produits, d'excellents fruits qui font la beauté et la puissance des sociétés ouvertes sur le monde extérieur. Cela enrichit les pays et améliore la qualité de leurs hommes, de leurs femmes, de leurs populations.

Concernant les critères définissant la beauté physique des femmes, la société africaine dont je suis issu a retenu certaines valeurs ou qualités. Chez nous, les Akans de Côte d'Ivoire, en particulier le sous-groupe dénommé Gwa, une femme est qualifiée de belle si elle possède les qualités suivantes: grande taille ou taille moyenne, teint soit clair, soit noir, soit bronzé, soit chocolaté, nez pointu ou aquilin, dents bien blanches, beaucoup de cheveux naturels, grosseur ou minceur, gros seins ou seins moyens redressés, grosses fesses ou fesses moyennes, large bassin ou bassin moyen, gros mollets ou mollets moyens, long cou strié. L'homme, qui veut se marier à une femme, tient compte de ces qualités. Il choisit son épouse idéale en fonction de cela. Si son épouse ne remplit pas la plupart de ces conditions décrites, il sera malheureux. Car il sera la risée de tout le monde. Il sera insulté, méprisé et humilié. Il sera traité de vaurien, de nullard, d'imbécile, d'individu sans bon goût. Il fera honte à ses amis, à ses parents, à ses camarades. Son mariage pourra en mourir. Ce sera un échec.

LES AMÉRICAINES ET LA CONNAISSANCE

On peut établir un lien d'inclusion entre la beauté, la connaissance et le bien moral. Pour Platon, ces trois choses sont inséparables. Un être dit beau est un être qui possède de belles idées. Les belles idées constituent la connaissance vraie. L'être qui a la connaissance vraie est beau et bon. Pour les Grecs de l'Antiquité, être beau, c'est être également bon et sachant. La beauté va nécessairement avec la bonté et la vérité. La beauté du corps traduit la beauté de l'esprit (connaissance vraie, certaine) et la bonté (perfection morale). Nous avons qualifié les Américaines de belles. Sont-elles aussi des sachantes, des savantes, des têtes bien faites et bien pleines?

A la différence des autres pays où la plupart des femmes sont illettrées et analphabètes, l'Amérique met son point d'honneur à éduquer, à former et à scolariser ses filles. L'Amérique s'est donné cela comme son devoir sacré, comme une obligation nationale, comme sa tâche régalienne. Toutes les filles américaines ont donc le droit et le devoir d'aller à l'école. Elles sont à cent pour cent scolarisées, cultivées, instruites. Elles sont dans tous les domaines du savoir. Elles ont le savoir pur ou théorique, le savoir pratique, technique ou professionnel et le savoir-vivre ou savoir-être. Elles reçoivent des bourses gouvernementales ou d'ailleurs pour étudier dans les grandes et prestigieuses universités comme Havard, Yale...Elles sont dans toutes les matières qui débouchent sur des métiers divers, nobles et très rentables. Il s'agit, par exemple, du métier d'avocat, de juge, de professeur, d'ingénieur, de chercheur, de médecin etc. La liste des intellectuelles, des savantes, des sachantes, des écrivaines et des penseures américaines est incommensurable. Voyons les choses en détail.

En matière de philosophie, l'Amérique compte une pléthore de femmes philosophes. Ainsi Angela Davis, Bell Hooks, Judith Butler, Gayatri Spivak, Chandra Talpade Mohanty, Wendy Brown, Maria Lugones, Katharine Mackinnon, Sally Haslanger, Talia Mae Bettcher, Gloria Anzaldua, Judith Jarvis Thomson, Hortense Spillers, Kathryn Sophia belle, Martha Nussbaum, Ruth Barcan Marcus, Lory Janelle dance, Donna Haraway, Andrea Dworkin, Patricia Churchland, Lisa Delpit. Cette liste n'est pas exhaustive. L'objet d'étude principal et commun de ces philosophes est le rapport conflictuel entre l'homme et la femme, le sexisme (phallocratie et féminisme). Toutes ces grandes philosophes ont pensé et lutté pour la justice, l'égalité, l'indépendance, la liberté, la dignité, le bonheur en faveur de la femme américaine. Elles ont défendu la cause et les droits de la femme dans la société américaine. Ce sont des justicières et des théoriciennes comme Simone de Beauvoir, en France, auteur de **Le Deuxième sexe**. Leur figure de proue ou figure emblématique est l'activiste Angela Davis (porte-flambeau). C'est la plus populaire. Elle est la légende, l'icône du féminisme américain comme idéologue et guide révolutionnaire.

En matière de littérature, l'Amérique regorge de femmes très talentueuses et d'écrivaines émérites. La liste de ces dernières est impressionnante. Voici les noms de quelques unes: Toni Morrison, Carson Mc Cullers, Sylvia Plath, Gertrude Stein, Pearl S. Buck, Harper Lee, Joyce Carol Oates, Willa Cather, Flannery O'Connor, Siri Hustvedt, Margaret Michell, Laura Kasischke, Patricia Highsmith, Barbara Kingsolver, Lois MoMaster, Suzy Beker, Elizabeth Graeme Fer, Laura Ingallls Wild, Edith Wharton, Louise Erdrich, Mary Higgins Cla, Jennifer Winkley, Lee Holleman Mc Carthy, Annie Delisle.

Maintenant voici les noms des scientifiques américaines les plus célèbres: Diane Fossey, Vera Rubin, Sally Ride, Nettie Stevens, Richel Louise Carson, Stephanie Kwolek, Nancy Dupree, Marge Champion, Elinor Ostrom, Linda Nochlin, Mildred Dresselhaus, Lioudmila Alexeeva.

Voici la liste des femmes lauréates du Prix nobel: Jennifer Doudna, Andrea Ghez, Emily Greene Balch, Jane Addhams, Louise Glück, Maria Goeppert Mayer, Barbara Mc Clintock, Gerty Theresa Cori, Gertrude Elion, Linda B. Buck, Carol Greider.

Les astronautes américaines sont: Christina Koch, Jessica Meir, Sally Ride, Mae Carol Jemison, Kalpana Chawla, Anousheh Ansari, Sunita Williams, Eileen M. Collins, Anne Mc Clain, Peggy Whitson, Kathryn D. Sullivan, Judith Resnik, Christa McAuliffe, Anna Lee Fisher, Ellen Ochoa, Stephanie Wilson, Jasmin Moghbeli, Jessica Watkins, Shannon Lucid, Kathleen Rubins, Kayla Barron, Nicole Aunapu Ma, Jan Davis, Shannon Walker, Tracey Caldwell Dy, Kathry P. Hire, Serena Aunon-Cha, K. Megan McArthur, Jeanette Epps, Zena Cardman, Bonnie J. Dunbar, Marsha Ivins, Susa Helms, Janice E. Voss, Kathryn C. Thornton, Tamara E. Jernigan, Margaret Rhea Sedd, Nicole Stott, Laurel Clark, Dorothy Metcalf-lin, Pamela Melrog, Loral O'Hara, Lisa Nowak, Barbara Morgan, Catherine Colman, Karen Nyberg, Joan Higginboth, Heidemarie Stefanyshyn-Piper, Nancy J. Currie-Gregg, **Katherine Johnson**, Kitty O'Brien Joyner (Ingénieure à la Nasa), Dorothy Vaughan (première responsable afro-américaine de la Nasa), **Mary Jackson** (première femme noire ingénieure à la Nasa. Elle est surnommée ordinateur humain), Nancy Roman (première astronome en chef à la Nasa), **Christine Koch**.

Les femmes pilotes d'avion sont très nombreuses. Citons quelques unes d'entre elles. Amelia Earhart, Jacqueline Cochran, Nancy Harkness L., Elizabeth L. Gardner, Rosemary Bryant Mari, Jerrie Cobb, Blanche Noyes, Shaesta Waiz, Florence Klingensmith, Meryl Getline, Deanie Parrish, Bessie Colman, Phoebe Omlie, Betty Gillies, Elinor Smith, Eileen Collins, Michelle Curran, Jerrie Mock, Harriet Quimby, Dora Dougherly, Evelyn Sharp, Ruth Law Oliver, Barbara Erickson Lo, Marge Hurlburt, Gertrude Tompkings, Rosa Charlyne Cr, Dorothy Olsen, Sara Payne Hayden, Anne Noggle, Margeret Rigenberg, Hazen Yin Lee, Cornelia Fort, Martha McSally, Rosemary Bryant Mari, Ruth Rowland Ni, Marjorie Stinson, Katherine Stinson, Bonnie Tiburzi, Shaesta Waiz, Shawna Rochelle

Ki, Blanche Scott, Nelli Zabel Willhite, Jerrie Cobb, Aida de Acosta, Louise Thaden, Anne Morrow Lin, Pancho Barnes, Alys Mckey Bryant, Mary Barr, Beverly Burns, Vicki Van Meter, Bessie Raiche, Emily Howell War, Willa Brown, Azellia White.

Ces femmes américaines sont des héroïnes. Elles ont défié les hommes. Elles ont piloté des vaisseaux spatiaux, des avions de combat et des avions de ligne. A ce niveau, rêvons un peu. Quand est-ce que chaque pays africain aura lui aussi ses pilotes? Les femmes africaines sont-elles courageuses, audacieuses, intrépides, braves? Non. Elles ne sont pas formées, éduquées pour l'être. Elles sont marginalisées, négligées, ignorées dans toutes les activités glorieuses, dangereuses ou à très haut risque. Les études et les activités très sérieuses ou à risque sont réservées aux hommes en Afrique. En effet, l'homme est considéré comme le détenteur exclusif, absolu de la puissance, de l'intelligence, du courage, de la magnanimité, de la sagesse. C'est un demi-Dieu. Ainsi lui seul peut et doit faire les études supérieures et les métiers difficiles, périlleux. Il est omniprésent, omniscient et omnipotent. Il est chef ou roi partout. Il est le maître du monde. Il est l'autorité suprême instituée par Dieu (Bible, Coran) dans le monde. Ainsi il est craint, respecté, admiré et aimé par la femme. La femme a besoin de sa protection, de sa bienveillance et de ses grâces pour être heureuse et sauvée. L'homme est un guerrier invincible et invulnérable. Il est infaillible, parfait. Même le bébé garçon est vu comme tel par la femme et la société. Il est éduqué, formé et préparé pour jouer ce rôle, incarner et manifester cette valeur suprême (la domination de la femme). Mais le bébé fille, quant à lui, est éduqué, formé et préparé pour obéir, se soumettre à l'homme quand il sera une femme adulte, une épouse. L'homme est pensé et fabriqué homme. La femme est pensée et fabriquée femme par la société phallocratique et patriacale.

En Afrique, on dit qu'une fille envoyée à l'école ne sert à rien. L'on est très sceptique et très pessimiste sur la nature et la valeur de la femme. La femme est très méprisée, très sousestimée. Elle est minimisée et infériorisée. Ainsi on confine les filles à la maison et on leur fait jouer les rôles d'épouse, de mère et de ménagère. C'est là que se trouve leur seule utilité. Ainsi le veulent, dit-on, la société, la nature et Dieu. Toutes les fillettes, toutes les filles et toutes les femmes ou mères ont intériorisé cette vision dans leur subconscient, dans leur esprit. En Afrique, la femme a pour attributs essentiels la faiblesse, l'impuissance, l'infériorité, la soumission, la limitation, l'incapacité, l'irresponsabilité, l'amour de la facilité, la peur, la dépendance, la paresse. La femme est conçue comme l'être qui est fait pour pleurer, subir la domination, implorer la pitié, la miséricorde, la bienveillance, la condescendance, la gentillesse, la générosité, l'affection et l'amour de l'homme. Elle est représentée comme un gros bébé, une mendiante. La femme se voit elle-même comme un être faible, incapable, irresponsable qui doit dépendre absolument de l'homme pour satisfaire tous ses besoins et faire sa vie. Elle voit l'homme comme son bouclier, sa forteresse, sa couverture, son protecteur, son défenseur, son rempart, le garant de sa sécurité et de sa vie. Dans un tel contexte, il est impossible de fabriquer des femmes savantes, ingénieures, pilotes, astronautes, scientifiques, techniciennes supérieures capables d'exercer tous les métiers de ce monde. Il est absolument impossible d'avoir des femmes qui rendent leurs pays puissants, riches, prospères, beaux, indépendants, libres, dignes, souverains. La vision africaine de la femme est diamétralement opposée à la vision américaine de la femme. La femme n'est pas émancipée et épanouie en Afrique comme elle l'est en Amérique. La femme africaine ne s'assume pas, ne s'affirme pas, ne lutte pas. Elle est enchaînée et dominée par les complexes d'infériorité, d'impuissance et de faiblesse. Ainsi elle ne peut contribuer au développement de son pays. Quant aux femmes américaines, elles sont libérées de tout complexe négatif. Elles sont des guerrières victorieuses. Elles savent lutter, s'imposer, s'affirmer. L'Amérique a supprimé la différence entre l'homme et la femme. La femme est égale à l'homme. La phallocratie condescendante est tuée.

LES AMÉRICAINES ET LA MORALE

Les Anciens Grecs ont dit qu'être beau, c'est être en même temps bon (kalos agathos). La beauté va avec la bonté et la laideur va avec la méchanceté. Le beau est égal au bien et la laideur est égale au mal. Autrement dit, la beauté physique est l'expression de la beauté morale, intellectuelle, mentale, psychologique (beauté intérieure, beauté des idées, de la pensée). Bien penser, c'est bien agir. C'est bien se comporter envers les autres. C'est être vertueux, bon. Il y a donc adéquation du corps à l'esprit et à la conduite personnelle dans la vie. Nous avons qualifié les femmes américaines de belles, de charmantes, de séduisantes, de sublimes. Dans le sens grec ou platonique, cela signifie qu'elles sont également morales, vertueuses. La morale est, en général, la discipline qui enseigne la conduite idéale à l'humanité. Elle nous définit le bien et le mal. Elle nous impose le bien et nous interdit le mal. Elle est incarnée dans les us et coutumes, dans le droit positif, dans les règles religieuses et politiques. Elle est relative. Chaque pays ou peuple a sa morale. Celui qui est conforme à la morale de son pays est qualifié de vertueux, de sage, de bon, de civilisé, de patriote, de loyaliste. C'est un agent moral correct. Celui qui viole les règles morales de sa société est qualifié d'immoral. Il est sauvage, barbare, indiscipliné. En principe, il est inacceptable dans la société. Il est banni, emprisonné, puni. Il peut même mériter la mort, c'est-à-dire la peine capitale. L'Amérique est-elle laxiste, négligente, tolérante envers ses citoyens immoraux, indisciplinés, nuisibles? L'Amérique permet-elle aux gens de faire du mal? Non. C'est une société très bien organisée et bien gouvernée. Elle est très répressive vis-à-vis du mal. Ce n'est pas un panier de crabes où chaque crabe nuit au maximum aux autres crabes avec ses pinces dangereuses. Ce n'est pas non plus une jungle où chacun dévore les autres selon sa force. L'Amérique est une société de droit, de morale et de religion (In God we trust). Tous les Américains sont disciplinés au maximum. Ils sont soumis et obéissants à la loi juridique, à la loi morale et à la loi religieuse. Aucun n'y échappe. Aucun n'y résiste. Il n'y a pas de place pour les anarchistes, les nihilistes et les hors-la-loi en Amérique. Tout le pays de l'Oncle Sam est absolument surveillé, sécurisé et protégé par sa police omniprésente et omnipotente.

On sait, depuis Socrate, que nul n'est méchant volontairement et que c'est par **ignorance** que les humains font du mal à leurs prochains. Les Américaines sont instruites, cultivées, civilisées, bien éduquées. Elles ont reçu les règles de la politesse, de la courtoisie, du respect et de l'amour du prochain. Elles sont dominées par l'humanisme, le civisme et le patriotisme. Elles sont très éclairées et assagies. Elles ne sont pas sous le joug de l'ignorance, facteur de mal selon Socrate. Elles sont tenues en respect par les forces de l'ordre et de la sécurité publique. On dit que la crainte du policier est le commencement de la sagesse. Cela signifie que les humains font du bien par contrainte. Ils s'abstiennent de faire du mal par contrainte. La société américaine et la femme américaine sont des créatures humaines. Cela traduit la puissance de l'homme. La société est imaginée et inventée par l'homme. Son progrès, son développement, ses valeurs, ses fonctions, sa marche, ses objectifs et ses fins sont pensés et repensés par l'homme. C'est le travail quotidien de l'homme comme individu et comme groupe. Ainsi l'homme et la société sont toujours en devenir, en instabilité permanente ou constante. On ne peut rien figer, cloturer, limiter. L'évolution est notre nature. Nous sommes des êtres qui se définissent par l'évolution, le progrès, le développement. Nous sommes l'histoire. Nous sommes ainsi opposés à la bête qui a une nature close, achevée, limitée par la nature. L'être humain est liberté. Nous possedons des contradictions et ces contradictions nous font évoluer, progresser. Ainsi nous sommes perfectibles. Nous sommes capables de tout, capables de bien comme de mal. Nous sommes capables de mieux et de pire. L'homme est insaisissable, indéfinissable, indélimitable. Il est à la fois le meilleur et le pire des êtres qui sont dans l'univers. Il est à la fois dominé et dominateur, faible et puissant. C'est un roseau pensant, a dit Blaise Pascal. "Roseau" signifie sa faiblesse et "pensant" signifie sa puissance. Ainsi l'homme fait la pluie et le beau temps. Il est la mesure de toute chose selon le sophiste Protagoras. Nous voyons bien cela aujourd'hui. Nous voyons de quoi il est capable. Il a détruit la morale ascétique et dénaturé la politique qui est le moyen de réaliser la morale ascétique. Et le démon a pris la direction du monde. Pensons à la covid-19. Pensons au programme luciférien et satanique du "nouvel ordre mondial" en cours de réalisation accélérée. Pensons à toutes les actions des francs-maçons, des Illuminati et des mondialistes. Le monde entier et la civilisation sont mis en danger de disparition. Qui pourra nous sauver? Sur qui pouvons-nous compter? Quelle est notre bouée de sauvetage? Telles sont les douloureuses questions à se poser aujourd'hui face à toutes les menaces et à toutes les tragédies.

Nous sommes emportés par la morale tragique des puissants et des maîtres des ténèbres. Nietzsche rit et Marx pleure. Nietzsche triomphe de Marx. Tous les deux penseurs comme auteurs ou influenceurs de l'histoire sont d'actualité. Le diable est en face du bon Dieu. Le duel est très exacerbé. Il est à son paroxisme. Le diable est sorti de l'ombre et a montré son vrai visage au grand jour au monde entier. Ses disciples sont en pleine action pour réaliser tout son plan contre l'humanité. Les temps sont très graves. L'heure n'est plus au jeu mais à la troisième guerre mondiale. "Nous sommes en guerre", dixit Emmanuel Macron. Il s'agit de la guerre de la création accélérée et forcenée d'un désordre mondial terrifiant et mortel abusivement appelé le "nouvel ordre mondial". "Personne n'y échappera", dixit Nicola Sarkozi, ex-Président français. Il s'agit de l'extermination, de la domination criminelle, du contrôle total, de l'oppression absolue, de l'exploitation cynique de tous les faibles par les puissants capitalistes mondiaux. Les faits suivants parlent: confinement, musellement ou port obligatoire des masques faciaux, distance physique, tuerie massive, génocide planétaire, terrorisme bio-chimique, épandages, dépeuplement du monde, vaccins scélérats, stérilisants, mortifères, thérapie génique, dictature, totalitarisme, absolutisme, despotisme et faschisme monstrueux. C'est l'Apocalypse. "La Bête est là", dixit Emmanuel Macron. C'est la barbarie la plus criminelle et généralisée sur la terre. Il s'agit grosso modo de la création d'un gouvernement mondial démoniaque, collectiviste, dynastique et tyrannique qui confisquera tous les biens et toutes les richesses de la terre, tous les droits humains et toutes les libertés entre les mains des prédateurs, des racistes, des eugénistes, des esclavagistes, des impérialistes et des terroristes ayant pour moyens l'ONU, la Banque mondiale, l'OMS, le FMI, l'OTAN etc. (monnaie unique numérique, empêchement de tout attachement humain, de mariage, de procréation, clonage, robotisation, zombification des humains, réduction drastique de la population de la terre, refroidissement de la terre, contrôle de chaque humain grâce à des puces électroniques à mettre dans le corps de tout le monde et à la 5 G...).

C'est ici le lieu de demander aux femmes américaines qui sont reconnues pour leur bravoure, leur héroïsme et leur combativité légendaires et historiques de se lever comme un seul individu pour arrêter tout net tous les crimes inouis contre l'humanité (covid-19, nouvel ordre mondial) et empêcher une troisième guerre mondiale catastrophique qui s'annonce à l'horizon. Il faut sauver la morale ascétique, la civilisation et l'humanité en péril mortel. Femmes américaines, vous pouvez jouer ce rôle glorieux et salutaire. Vous avez déjà prouve cette capacité dans l'histoire américaine. C'est votre mission historique. Je vous fais confiance. Yes, you can. Just do it.

LES AMÉRICAINES ET LA POLITIQUE

La politique est la réalisation de la morale, c'est-à-dire des valeurs ascétiques dans le monde. C'est l'instrument dont se sert chaque pays pour créer son bonheur ou le bien commun. La fin de la politique nationale est le **bien** (Aristote). La politique nationale consiste à créer un ordre juste, salutaire et les conditions de la liberté, de l'épanouissement et du progrès du peuple. Cela fait appel à des notions idéales comme république, démocratie, Etat etc. Les temps modernes ont adopté ces idéaux comme modèles ou paradigmes universels et réferentiels. Le monde entier jure désormais par ces notions politiques. Les pays se font la guerre pour cela. Toutes les nations sont jugées et comparées les unes aux autres par rapport à leur progrès et degré dans la réalisation de la démocratie, de la république, de l'Etat. Chaque pays essaie de mieux faire que les autres. Chacun se veut champion mondial en politique. Et chaque nation met son point d'honneur à essayer de réaliser les idéaux de démocratie, de république et d'Etat sinon elle disparaîtra du monde. Elle sera attaquée et détruite par ses concurrentes et gendarmes, c'est-à-dire les pays puissants et impérialistes qui se sont érigés en juges, en gardiens et en donneurs de leçons politiques, morales et humanistes (Droits de l'Homme, Droits du Citoyen et Droits du Peuple). Chaque pays faible doit rendre compte de sa pratique politique et de ses résultats à la Communauté des maîtres et des puissants du monde (ONU). Gare au dernier dans le classement mondial! Gare à celui qui ne fait pas la volonté de l'ONU! Ce dernier n'a pas le droit de vivre. Il sera décapité par l'ONU-OTAN (la Libye, la Yougoslavie, la Roumanie, la Côte d'Ivoire...).

La question politique rejoint la question morale. En effet, la politique est soumise à la morale ascétique. Elle est contrôlée par la morale ascétique. Son fondement est cette morale. Autrement, elle n'a pas de sens ni sa raison d'être. Car il s'agit pour les politiciens de lutter pour le bien et le bonheur des peuples. La politique est l'art d'organiser la société civile, de la faire vivre et fonctionner en la dotant d'institutions et de structures efficaces. Ainsi la politique sert à résoudre le problème économique et le problème social. Il s'agit de produire des biens et des richesses (économie) et de les partager aux citoyens (social). La politique est une action qui se traduit par un rapport de force, c'est-à-dire un rapport de dominateur à dominé, de gouvernant à gouverné (Julien Freund). Les gouvernants ou dirigeants établissent des lois et leurs sujets y obéissent. La politique est l'exercice du pouvoir suprême ou pouvoir d'Etat. Les hommes politiques décident du sort de tout le monde, choisissent les valeurs idéales pour les citoyens. Leur responsabilité est de faire régner l'ordre, la justice, la paix, la sécurité dans la société, de défendre l'intérêt général, la liberté, de promouvoir la prospérité, la moralité, la vertu. L'Etat moderne est le gouvernement de l'homme par la loi juridique. Cette loi est l'expression de la volonté générale. Obéir à la loi, c'est donc obéir à soi-même, à sa propre volonté raisonnable. Ce n'est pas être dominé, aliéné mais être libre et responsable. Tel est le sens de la politique républicaine et démocratique. C'est pourquoi les hommes préfèrent le régime démocratique et républicain. La démocratie est définie comme "Le gouvernement du peuple par le peuple et pour le peuple" (Abraham Lincoln). En tout cas, c'est le système politique dans lequel le peuple se gouverne lui-même soit directement soit à travers ses représentants choisis par lui-même en vue de sa liberté et de son bonheur. C'est le régime familial selon le philosophe Alain.

Quant à la république, elle s'oppose à la monarchie, c'est-à-dire au système des rois (royauté). L'Europe a connu la monarchie absolue de droit divin (France). Cela a été abandonné à cause de ses vices et de sa cruauté insupportables. Son contraire, la république, fait beaucoup de bien. République signifie étymologiquement la chose publique, c'est-à-dire la politique qui défend l'intérêt général, qui profite à tous les citoyens (le bien commun). La république rejoint ainsi la démocratie. Dans la république, c'est tout le monde (le peuple) qui gouverne la société tandis que dans la monarchie, c'est un seul (le roi) qui gouverne tout le pays. L'Amérique pratique le système démocratique depuis sa fondation. Mais le pouvoir exécutif est toujours détenu et exercé principalement par la junte masculine. Ici est mon problème. Jusqu'à présent, seuls les hommes sont Présidents. Je souhaite que les femmes aussi exercent un jour le pouvoir exécutif, qu'elles soient Présidentes. Il faut que désormais les femmes soient Présidentes des Etats-Unis d'Amérique. Pourquoi? Dans les chapitres précédents, j'ai montré la valeur, les talents, la compétence, les mérites des femmes américaines. Les femmes font l'Amérique. Elles sont très qualifiées professionnellemnt, intellectuellement et moralement. Elles sont très braves. Leur sens d'humanisme, de patriotisme et de civisme est très développé. Elles sont très vertueuses. Elles sont très performantes partout. Ce sont des héroïnes. Elles ont la beauté physique, la beauté intellectuelle et la beauté morale. Elles font la prospérité, la réussite, la grandeur, la puissance, la gloire et l'honneur de l'Amérique. Présentement, l'Amérique s'est donné une femme comme Vice-Présidente. C'est déjà beau mais insuffisant. Les femmes méritent plus. Elles méritent la **Présidence**. Elles sont l'origine de la vie. Elles connaissent mieux la valeur de l'être humain qu'elles mettent au monde. Elles savent ce que leur coûtent la grossesse et l'accouchement. Elles consentent le sacrifice (suprême) de mourir pour mettre l'homme au monde et faire exister l'humanité. Elles sont **amour**. Elles pratiquent l'**abnégation** ou le **don de soi**. Ce sont des saintes, des renonçantes. Elles sont ainsi les gardiennes de la morale ascétique pure qui se trouve actuellement en danger de mort. La politique n'est plus la réalisation de la morale parfaite ou idéale. C'est plutôt l'ennemie de la morale pure. Seules les femmes peuvent sauver la **morale pure** et la **politique pure**. Il faut donc leur donner le pouvoir politique suprême afin qu'elles sauvent l'humanité, la civilisation et le monde. La vie humaine leur est très chère. Et c'est peu dire. Il faut leur donner le pouvoir suprême afin qu'elles préservent la vie humaine que les démons, les sorciers et les mystiques de tout acabit (les mondialistes et eugénistes) sont présentement en train de massacrer et de détruire. Dans leur rôle naturel et moral de mères de l'humanité, elles empêcheront le génocide à l'échelle planétaire qui est en cours, c'est-à-dire le dépeuplement de la terre grâce à la covid-19, à la 5 G, aux vaccins, aux épandages etc. La femme ne fait point de mal à son enfant dont elle connaît trop le prix pour elle en terme de souffrances et de privations. Elle l'aime de toutes ses forces et le protège très jalousement, au prix de sa vie. Elle l'aide à vivre en sécurité, en bonne santé, en paix et heureux. Là se trouvent son devoir, sa mission, son bonheur, son honneur et sa gloire. L'instinct, l'intelligence, la sagesse et la Raison maternels sont bénéfiques et salutaires. L'Amérique est le carrefour du monde. Ses femmes représentent toutes les femmes du monde. Elles **incarnent la puissance et la bravoure** nécessaires pour sauver l'humanité en péril. Femmes, prenez soin de vos enfants. Sauvez-les. Arrachez-les des griffes des bourreaux satanistes impitoyables. La gloire est à vous! Prenez le contrôle, l'éducation et la direction de la terre entre vos mains protectrices, affectueuses, amoureuses et divines qui donnent l'espoir. C'est votre devoir et votre mission naturels et régaliens. C'est votre responsabilité prospective et historique. Il faut absolument conférer l'autorité politique suprême aux femmes. C'est **fondamentalement** légitime et salutaire pour tous. L'heure est trop grave. Il n'y a pas d'autres alternatives. C'est une question de vie ou de mort.

CONCLUSION

Ici, j'interpelle les femmes du monde entier et les Américaines en particulier sur le rôle historique et naturel qu'elles doivent jouer dans le devenir de l'humanité. Je leur signifie leur responsabilité prospective face à la géopolitique criminelle et satanique mondiale actuelle. Je les mets face aux réalités macabres et très alarmantes du monde d'aujourd'hui. L'humanité entière est engagée dans la guerre et la terreur (bio-terrorisme) qui traduisent un degré de perversion, de méchanceté, de cruauté, de sadisme et de cynisme inimaginable de certaines pesonnes et de certains peuples. L' humanité entière est menacée de **disparition**. Je me demande si tout le monde réalise cela. Est-ce que tout le monde est conscient de la gravité absolue et de la profondeur extrême du mal universel actuel? Il s'agit de **la mort de tous**. Il s'agit de **la privation de la liberté et du bonheur de tous dans le monde entier**. Cela est inédit. C'est **le pire** qui puisse exister sur la terre. C'est du jamais connu et du jamais vécu sur la terre auparavant. Je souhaite que les femmes reconnues pour leur bravoure, leur héroïsme, leur sagesse, leur vertu exceptionnels soient en première ligne dans cette bataille générale et mondiale. L'humanité est terriblement en souffrance. Elle est en danger mortel. Elle doit survivre au bio-terrorisme, au grand complot diabolique des satanistes, des démons, des sorciers et des mystiques eugénistes, racistes, impérialistes et esclavagistes.

L'histoire de l'humanité prend une tournure tragique exceptionnelle et apocalyptique. Il nous faut réveiller toutes les forces qui sommeillent en chaque personne positive dans le monde et les mettre au service de l'action guerrière qui pourra sauver l'humanité. Dans l'histoire de l'Amérique se trouvent de très bonnes leçons à prendre chez les femmes pour gagner cette guerre injuste qui est imposée à l'humanité par les mondialistes génocidaires. Les femmes américaines sont d'une utilité vitale. Elles sont incomparables, irremplaçables et incontournables dans leur rôle de combattantes intrépides, vaillantes, héroïques et victorieuses. On les a vues combattre et supprimer tous les fléaux et tous les crimes dont elles étaient victimes (racisme, discrimination, phallocratie, misogynie, hégémonisme). Elles ont changé le cours de l'histoire américaine. De lutte en lutte, elles sont arrivées à imposer un ordre socio-politique juste, égalitaire à leur pays. Elles ont glané tant de victoires éclatantes qu'elles savourent à présent. Elles ont conquis la liberté, la justice, l'égalité, la paix, la sécurité, le bonheur, la dignité, l'indépendance, la puissance, l'émancipation. Leur combat féministe a payé grâce à leur caractère virile, à leur courage et à leur vaillance extraordinaires. Elles sont très admirables et très respectables.

Ainsi je rends un hommage très mérité aux femmes américaines et j'invite toutes les autres femmes du monde entier à se joindre à elles pour jouer un rôle très positif, très marquant et exceptionnel dans la dynamique guerrière universelle actuelle.

Ce livre rend un vibrant hommage aux femmes américaines. Il loue leurs mérites et leurs vertus inestimables et exceptionnelles. Il leur donne également la mission glorieuse et impérieuse de sauver l'humanité du péril mondialiste présent.